CONSEILS NOUVEAUX

AUX

JEUNES FEMMES

TABLE DES MATIÈRES

Préface   5

Choix d'un médecin   7

Grossesse sans vomissements   9

Conseils pour abréger de beaucoup la durée
    de l'accouchement et les douleurs qui le
    suivent 11

Conseils pour rendre l'alaitement facile et
    sans douleur 13

Conseils pour empêcher les seins de se
    flétrir et pour conserver, après une
    couche, leur forme et leur embonpoint
    primitifs 20

Stérilité rarement incurable 23

Chute ou descente de matrice et divers dé-
    placements de cet organe 26

Cause de la négligence des femmes à se
    faire soigner 33

Sécrétion trop abondante de la peau, odeur
    très forte de la sueur et de quelques
    autres sécrétions; ozène ou ulcération du
    nez 35

CONSEILS NOUVEAUX

AUX JEUNES FEMMES

Par le Docteur Achille HOFFMANN

DE LA FACULTÉ DE PARIS

Prix : 1 Franc.

PARIS

CHEZ L'AUTEUR

26 — RUE PASQUIER — 26

et chez les principaux Libraires

1866

PRÉFACE

Il m'arrive bien souvent, dans ma pratique, de donner aux jeunes femmes des renseignements, des conseils, des avertissements d'une grande importance, qu'elles n'avaient encore trouvés nulle part, et, qu'elles reçoivent avec une vive reconnaissance.

J'ai le bonheur de leur inspirer une entière confiance, de suite elles sont à l'aise avec leur vieux docteur, et elles ne tardent pas à être persuadées que je suis pour elles un ami dévoué, instruit et consciencieux, sur lequel elles doivent compter en toute circonstance. Mais, comme je ne puis me rendre utile qu'à celles qui s'adressent à moi, et que le nombre en est nécessairement restreint en comparaison de toutes les autres qui ont tant besoin de mon assistance, je me décide à rédiger une petite brochure, faite uniquement dans le but et la certitude de leur rendre d'immenses services, en mettant sous leurs yeux de sages et utiles conseils qu'elles ne peuvent recevoir que de moi seul et qui leur éviteront, à l'avenir, un grand nombre de souffrances que la plupart d'entre elles ont déjà ressenties et supportées avec résignation parce que, jusqu'à ce jour, personne n'avait pris à cœur de les leur éviter.

Toujours désireux de savoir et de pouvoir ce que la science regarde comme impossible, j'ai le bonheur de me rendre utile dans la plupart des cas dont personne ne s'occupe plus, excepté moi : tel est le prix de mes continuels travaux.

DU CHOIX D'UN MÉDECIN

Il n'est point de profession qui exige chez celui qui l'exerce, une réunion plus complète de qualités, de connaissances et de vertus. En effet, pour mériter cette haute confiance dont l'investit le père de famille qui le choisit pour sauver sa femme et ses enfants, un médecin doit d'abord être *savant ;* il faut qu'il possède toutes les ressources de son art, et qu'il soit dévoré de cette soif ardente d'acquérir sans cesse de nouvelles lumières.

La science ne suffit point pour faire un grand praticien ; il faut qu'elle soit dirigée par cette qualité si rare qui est née chez un petit nombre d'élus, à laquelle le travail ne peut rien, et que j'appellerai le *tact, l'instinct médical.* Celui qui est doué du génie de la médecine, lit plus, en cinq minutes, dans l'état grave et compliqué d'un malade, que ne le ferait, en plusieurs heures d'un examen attentif, un autre que n'é-clairerait point le feu sacré. Le premier, d'un seul coup d'œil, a reconnu la maladie ; le second, malgré tout son zèle, donne un faux diagnostique... Malheur à son client !

A l'homme de l'Art heureusement pourvu de qualités innées et acquises, il faut joindre, pour le rendre complet, une *conscience à toute épreuve*, et *une moralité intacte*.

Tel est le portrait du médecin accompli, du seul sur lequel on se repose en toute sécurité ; et cependant, que de légèreté n'apporte-t-on pas, trop souvent, dans le choix de celui auquel on va remettre sa vie, bien plus encore celle de sa famille entière ! Que de gens se contentent de la plus banale recommandation ! d'autres, habituelle-ment bien portants et pris au dépourvu, font chercher un médecin, le premier venu, par leur domestique comme ils enverraient prendre une voiture sur la place. Aussi, que de chagrins, que de mécomptes, que d'aventures imprévues et déplorables ne voit-on pas surgir d'une telle irréflexion !

Le meilleur moment pour bien choisir son médecin, c'est quand on est en pleine santé ; alors, on peut prendre d'avance sur lui tous les renseignements nécessaires, car on n'est point poursuivi par l'urgence ; puis, quand on est suffisamment éclairé sur son mérite, et qu'on l'a prévenu du choix qu'on a fait de lui, en cas d'invasion brusque de la maladie, alors, seule-ment, on peut dormir tranquille, car on a pourvu pour les siens et pour soi-même à tout ce qu'exigeait la prudence.

GROSSESSE SANS VOMISSEMENTS

Presque toutes les femmes ont un vif désir de devenir mères , malgré les souffrances inévitables de la gestation, la déformation de la taille, l'allourdissement progressif du corps, la gêne plus ou moins grande de la marche, les varices, l'oppression, les palpitations, les saignements de nez, les étourdissements, la somnolence, la constipation, les hémorrhoïdes, en un mot, le cortège habituel de la grossesse ; mais, ce qu'il y a de plus pénible et de plus redouté ce sont les nausées et les vomissements.

Un petit nombre de femmes favorisées ne sentent absolument aucun malaise pendant leur grossesse, et ne reconnaissent cet état nouveau qu'à l'absence du flux menstruel ; d'autres sentent à peine quelques nausées, mais combien n'y en a-t-il pas dont chaque jour est une continuelle souffrance. Beaucoup d'entre elles rendent après chaque repas presque tout ce qu'elles ont mangé, d'autres vomissent du matin au soir, avec de si grands efforts que quelquefois l'avortement en est la conséquence, et quand ce malheur n'a pas lieu, le défaut d'alimentation de la mère, amène son amaigrissement progressif, dont l'enfant ne peut manquer de se ressentir, si cet état se prolonge pendant plusieurs mois et quelquefois jusqu'au moment de l'accouchement. C'est pour éviter aux femmes cette affreuse souffrance que j'écris ce court chapitre, mes lectrices seront fort heureuses d'apprendre que j'ai inventé une liqueur, dont il suffit de prendre une cuillerée le matin pendant quelques jours, pour faire disparaître les maux de cœur et les vomissements.

Avant ma découverte on n'essayait plus rien contre ce genre de souffrance, parce que les accoucheurs ne connaissaient aucun moyen efficace. On peut se procurer cette agréable liqueur à la pharmacie GIRAUDEL, 19, boulevard Malesherbes, à Paris.

Quant aux autres malaises ou souffrances de la gestation signalés au commencent de ce chapitre, et qui sont peu de chose en comparaison des vomissements, il m'est facile de les prévenir ou d'y remédier par quelques bons avis.

CONSEILS

pour abréger la durée de l'accouchement
et les douleurs qui le suivent

La position horizontale sur le dos dans laquelle on met la femme sur le point d'accoucher, est sans contredit celle qui doit le plus retarder cet acte qu'elle veut accomplir et qui demande beaucoup de force. Un malade placé dans cette position, a-t-il besoin d'évacuer; si on passe sous lui un vase plat, il a la plus grande peine à obtenir un résultat sans l'aide d'un lavement, parce que dans cette position les muscles ne peuvent bien se contracter, et n'ont aucune force d'expulsion; il en est de même chez la femme qui accouche.

Quand le travail de l'accouchement commence, que de vives douleurs se font sentir dans les reins, avec persistance, la femme le fera marcher très rapidement en se mettant à genoux les cuisses un peu écartées et les bras appuyés sur le siége d'un fauteuil placé devant elle. Pour cela on aura préparé d'avance un grand oreiller rempli de paille d'avoine sur lequel la patiente se placera. Elle pourra conserver cette excellente position aussi longtemps qu'elle voudra et même jusqu'à la fin, l'enfant, au besoin, sera reçu par l'oreiller, et elle sera beaucoup moins sujette à des déchirures dans cette position, que placée sur le dos, au moment où l'enfant est chassé par les contractions de la matrice. C'est dans cette position favorable et de cette manière que toutes les femmes accouchent en une heure, et souvent plus promptement dans les villages de la Bretagne; mes lectrices se trouveront bien de les imiter.

Il arrive souvent que les femmes en couche souffrent pendant longtemps et ont beaucoup de peine à se tourner dans leur lit et surtout à s'asseoir, par suite du gonflement et de l'irritation qui persistent après l'accouchement... Au lieu d'employer l'eau de guimauve, qui est plus propre à relâcher les tissus qu'à les dégonfler, pour faire cesser ces souffrances en deux ou trois jours, il suffit d'ajouter à l'eau de chaque lotion une ou deux cuillerées à café de teinture d'*arnica*. L'infusion des fleurs de cette plante a les mêmes propriétés; on l'obtient en versant un litre d'eau bouillante sur une poignée de fleurs d'arnica, à vase clos; on passe en exprimant fortement, et l'on ajoute au liquide deux cuillerées à soupe d'eau-de-vie.

CONSEILS

pour rendre l'allaitement facile
et sans douleurs

Pour qu'une femme entreprenne d'allaiter son enfant, il n'est point indispensable qu'elle soit pleine de vigueur et de santé; pourvu qu'elle se porte passablement et qu'elle puisse s'alimenter d'une manière convenable, elle se trouvera beaucoup mieux de faire son devoir, en prenant les précautions dictées par la prudence, que de s'exposer, en s'en abstenant, à avoir un enfant chaque année, ce qui ne tarde pas à épuiser un corps naturellement faible.

Beaucoup de femmes nourriraient volontiers, si elles espéraient pouvoir s'en acquitter sans trop souffrir; mais elles ont des parentes et des amies qui ont enduré des douleurs inouïes pendant qu'elles allaitaient leurs enfants. Elles reculent donc devant cette noble fonction, d'abord, parce qu'on les en détourne, et ensuite parce qu'elles redoutent les souffrances dont on leur a fait l'effrayant tableau. Toutes ces timides mères qui ne s'arrêtent que devant la douleur, car leur cœur est bon, je me charge de les ramener à leur devoir, puisque je leur donne la certitude qu'elles ne souffriront nullement en allaitant, pourvu qu'elles suivent très exactement mes conseils. Avant tout, je dois les mettre en état de commander, sans hésiter, à leur garde les soins qu'elles doivent en recevoir, sans jamais se laisser guider par elles. A peu d'exceptions près, ce sont toujours les gardes qui empêchent les femmes qui veulent nourrir de remplir leur tâche avec succès.

Toutes les fois qu'une fonction, essentiellement dans la nature, s'exécute mal et avec douleur, un médecin attentif doit penser qu'il y a quelque faute grave de commise, car on ne peut admettre que le créateur ait fait un ouvrage imparfait. Or, s'il est naturel qu'une mère nourrisse son enfant, comment n'avise-t-on pas à faire enfin disparaître les souffrances qui semblent inévitablement liées à cette fonction?

Quand un de nos animaux domestiques, une chienne ou une chatte, par exemple, a mis bas, que se passe-t-il? Aussitôt que les petits ont reçu les premiers soins de la mère, chacun d'eux se hâte de chercher une des mamelles dont il s'empare pour satisfaire un besoin de nutrition qui se fait déjà sentir. Pendant ce temps, examinez l'expression de la mère : elle ne paraît nullement souffrir, tout en elle exprime le bonheur et la satisfaction qu'elle éprouve. Par quelle raison, dans l'espèce humaine, en est-il autrement? La marche vicieuse que l'on suit est la seule cause de ce triste résultat. La femme ne souffrira pas plus que les animaux dont je viens de parler si, une heure après être délivrée et avoir réparé ses forces en prenant un bon bouillon, elle donne le sein à son enfant et continue alternativement, environ de deux heures en deux heures, suivant la quantité que l'enfant tire chaque fois; plus tard, quand le lait est pris, en plus grande quantité, il suffit de donner à têter de trois en trois heures. En suivant cette marche, les seins, se débarrassant à mesure du lait qui leur arrive, ne se laisseront point engorger, et la nouvelle accouchée ignorera les souffrances de la fièvre de lait, en observant la même distance pendant la nuit.

Comment les choses se passent-elles ordinairement chez la femme qui veut nourrir et se laisse guider par sa garde, à l'expérience de laquelle elle croit devoir se fier? Ce n'est qu'à la fin du second jour ou même du troisième, quand déjà le sein, énormément distendu, devient très douloureux et cause une véritable fièvre, que la garde indique le moment comme convenable pour commencer l'allaitement. Jusque-là elle détourne l'accouchée de donner le sein qui, dit-elle, *ne contient rien de bon avant que la fièvre de lait, par son travail, ait fai* *monter ce nouveau produit.* A cette époque, il y a déjà trois fautes graves de commises : 1° privation pour l'enfant du colostrum ou premier petit lait, qui favorise l'expulsion du méconium, et qu'on a le tort de remplacer par des moyens qui sont loin de le valoir ; 2° Comme le nouveau-né n'a pu rester trois jours sans rien prendre, on lui a fait boire du lait coupé ce qui lui a permis de se passer du sein qu'il saisira, par ce motif, avec moins d'empressement et qu'il repoussera quelquefois même définitivement, si la distension efface le mamelon et le rend trop difficile à saisir. J'ai vu plusieurs enfants, ainsi mal commencés, qu'on n'a jamais pu décider à téter leur mère ; 3° La nouvelle accouchée est dans un état de souffrance réelle, la fièvre s'est emparée d'elle, tout son corps est brûlant, les bras sont écartés par le volume considérable des seins devenus durs, très sensibles et présentant l'aspect d'une boule ronde sans mamelon.

Pour qu'un enfant puisse bien exercer la succion, le mamelon doit occuper le fond de sa bouche, et ses lèvres presser le sein lui-même dans une petite partie de son étendue. Rien de cela ne peut avoir lieu quand le sein présente une masse dure comme la pierre. Il suit de là que l'enfant irrité serre avec violence une partie du mamelon, qu'il ne tarde pas à excorier ; et la dou-

leur causée par les crevasses, d'où il sort plus de
sang que de lait, rend l'allaitement presque impossible. J'ai vu souvent de malheureuses mères ver-
ser des larmes et se trouver dans un état perma-
nent de crispation pendant tout le temps que
l'enfant s'efforçait vainement d'amener du lait,
qui, dans ce cas, est devenu comme une espèce
de fromage tant il s'est épaissi par un séjour trop
prolongé. Il arrive quelquefois que le mamelon,
usé par les gerçures, les crevasses et la suppura-
tion, se détache entièrement du sein, et vient
mettre fin au supplice de la pauvre femme, vic-
time des conseils de sa garde.

Dans les cas où l'enfant, non encore exercé, ne
veut ou ne peut pas téter, il est d'usage de recou-
rir à de jeunes chiens pour vider les seins engor-
gés. Rarement ce moyen, ennuyeux et désagréable, réussit complétement, et, d'ailleurs, on
n'a pas toujours sous la main ou à proximité, un
petit animal de cette espèce pour venir en aide à
l'accouchée. Dans ce cas, je vais faire connaître
un excellent moyen pour dissiper promptement
de si cruelles souffrances : c'est la téterelle de
Thier (1), mécanisme des plus ingénieux, qui imite
très exactement les mouvements de succion de
l'enfant, et n'exerce aucune pression sur le mame-

______

(1) M. Thier demeure passage Choiseul, 39.

lon devenu très douloureux par diverses causes. Je regarde l'inventeur de ce précieux instrument comme le bienfaiteur des femmes qui veulent nourrir, et je me ferais un cas de conscience de ne pas indiquer son utile découverte à toutes celles qui en ont un si grand besoin.

Voici encore plusieurs circonstances dans lesquelles la téterelle de Thier est indispensable à toutes les nourrices; sans doute, celles qui suivront mes instructions s'en passeront facilement si l'enfant se porte bien et fonctionne convenablement, mais il n'est point exempt de maladies; de plus, sa bouche, devenue douleureuse, peut l'empêcher de téter; pour avoir pris trop de lait, il aura quelquefois besoin de faire une légère diète : enfin, plus gravement affecté, il deviendra souvent hors d'état de saisir le mamelon. Dans ces divers cas, on fait fonctionner l'appareil, on vide à volonté les deux seins qui demeurent dans un état naturel, et exempts de toute douleur. De cette manière le lait se renouvelle comme si l'enfant tétait, il le retrouvera donc tout prêt et dans les meilleures conditions quand il pourra se pourvoir de nouveau. Mais, en attendant ce moment, s'il a besoin de nourriture, tout étant trop faible pour téter, on lui donne quelques cuillerées de lait que l'on tire à la mère, et qui sont reçues dans un petit appareil faisant partie de la téterelle.

Indépendamment de ces cas très fréquents, une femme impressionnable, très nerveuse, peut éprouver une forte émotion, un chagrin violent, etc., etc. C'en est assez pour que son lait devienne pernicieux à l'enfant, s'il continue, dans ce moment à en faire sa nourriture. En pareille occurrence, il faut donner pendant un jour à l'enfant du lait de vache, vider plusieurs fois les seins avec la téterelle, et jeter ce lait devenu dangereux.

Les femmes qui se faisaient un épouvantail de l'allaitement, voient que j'ai tout prévu pour leur faciliter les devoirs de la maternité; je serais heureux d'éviter aux véritables mères tant de souffrances qui ne sont nullement indispensables. Si elles veulent se laisser guider par mon expérience, et sortir de la fausse route que l'on indique ordinairement, elles sont certaines de nourrir avec un succès complet. Souvent une santé jusque là très-délicate se fortifie pendant l'allaitement sagement conduit; et on évite de cette manière, des maladies fort graves causées par le lait chez celles qui ne nourrissent point.

CONSEILS

Pour empêcher les seins ds se flétrir, et pour conserver, après une couche, leur forme et leur embonpoint primitifs.

Lorsque j'étais très-jeune médecin, je fus souvent frappé de la différence que je remarquais dans la proitrine d'une jeune fille grasse et fraîche avant son mariage, et dont la gorge disparaissait entièrement aussitôt qu'elle avait eu un enfant. D'où pouvait venir un tel changement qui ne semblait nullement dans l'ordre naturel ? Pour les cas où la jeune femme était tombée dans un état de maigreur général, je pouvais tout attribuer à la maladie ou à n'importe quelle cause débilitante, mais quand l'embonpoint était resté le même partout ailleurs, quand il n'y avait aucune apparence de souffrance, je ne savais plus à quoi m'en prendre.

Une difficulté ne m'a jamais découragé, j'aime à savoir ce que les autres ignorent et, autant que possible, à découvrir la cause des choses ; je pris donc la résolution de rechercher l'agent destructeur d'un des plus gracieux ornements de la femme. Trois ans se passèrent sans que je pusse rien découvrir de positif. Promptement, à la vérité, j'avais reconnu plusieurs substances qui, appliquées sur les seins pour dissiper le lait, produisaient en même temps l'atrophie de la glande mammaire, telles que le persil, la ciguë, etc. ; mais leur usage, borné à peu de personnes, ne pouvait expliquer un effet si généralement répandu. Je ne perdais point de vue mon sujet, mais toujours la même incertitude venait me mécontenter. Un jour, je me trouvais auprès d'une nouvelle accouchée, alors à son premier enfant ; elle s'était servie d'une sage-femme, et m'avait demandé de lui donner mes soins jusqu'à son entier rétablissement. Pendant que je m'entretenais avec elle, sa garde, depuis assez longtemps accroupie devant le foyer , se relève, apportant une grande carde de coton qu'elle venait de chauffer ; elle s'apprêtait à en couvrir les seins en très-bel état de ma cliente. A cette vue, une inspiration lumineuse m'arrive : « Qu'allez-vous faire là, lui dis-je, je ne vous ai rien ordonné de semblable ? — *Monsieur, c'est pour étouffer le lait ; ce moyen est très-bon, toutes les gardes l'emploient sans que les accoucheurs, qui le prescrivent, y trouvent à redire.* — C'est possible ; mais abstenez-vous de cette application, que je crois mauvaise. » J'avais de suite songé aux propriétés incontestables du coton appliqué à nu sur des glandes engorgées pour les résoudre ; cette substance, qu'on emploie chez toutes les femmes, toujours dans un même but, n'aurait-elle pas aussi la fâcheuse propriété de faire fondre la gorge, et de déterminer un affreux dépérissement ? J'avais rencontré juste... Cette jeune femme, qui ne mit point de coton, conserva ses seins dans une parfaite intégrité. Ce fait isolé ne me paraissait pas suffisamment coucluant, je fis donc bon nombre d'épreuves nouvelles et de contre épreuves ; constamment le résultat a été le même : *fonte absolue de la gorge* chez toutes les femmes qui employaient le coton, au contraire, *conservation complète* chez celles qui le repoussaient d'après mes avis. Voilà plus de trente ans que j'ai fait cette précieuse découverte, je l'ai répandue avec plaisir dans ma clientelle. Cette incontestable vérité a déjà beaucoup parcouru le monde, et cependant, comme encore la plupart des gardes en couche n'ont point renoncé à leur pernicieuse routine, et comme plusieurs traités récents d'accouchement conseillent encore l'application du coton, chez les femmes qui ne nourrissent pas, j'ai voulu insérer ici ce fait important, pour lui donner une grande publicité.

LA STÉRILITÉ
est rarement incurable

Ne pas avoir d'enfant pendant de longues années, et perdre tout-à-fait l'espoir de devenir mère, est un affreux chagrin pour un grand nombre de jeunes femmes.

Sans doute, il arrive quelquefois qu'il faut chercher ailleurs que chez elles la cause de cette privation, mais le plus souvent, la stérilité ne dépend que d'elles seules.

Les grandes difficultés à vaincre ont constamment stimulé mon intelligence, et presque toujours je suis parvenu à trouver, ce que j'ai voulu me donner la peine de chercher. Aussi, ne me suis-je nullement arrêté à cette opinion généralement admise, qu'il est impossible de remédier à la stérilité, parce que cette disposition particulière à certaines femmes, ainsi que la fécondité, sont des phénomènes de l'économie vivante, résultant de causes le plus souvent impénétrables à toutes nos investigations.

J'en conviens, certaines causes de stérilité demeureront toujours fort obscures, et le défaut d'examen rigoureux des organes, ou plus encore l'impossibilité d'apprécier l'état de ceux profondément situés, font, qu'en général, nous sommes forcés de rester dans le doute relativement à leur nature, mais j'ai acquis par expérience la conviction que ces causes incontestables, au-dessus de notre portée, sont en petit nombre, en comparaison de celles qui produisent le même résultat, et se présentent suivant l'occasion à l'idée du médecin persévérant et observateur.

Ainsi, chez beaucoup de femmes la stérilité n'est due qu'à la mauvaise position de la matrice, et il est facile par le simple toucher de reconnaître cette cause, à laquelle je suis certain de remédier, en ramenant peu à peu dans sa position normale, l'organe dévié; mais pour cela il faut connaître les médicaments qui jouissent d'une action spécifique sur les ligaments relâchés auxquel il s'agit de donner de la force.

J'ai fait une étude approfondie de cette maladie malheureusement très commune, et qui résiste à la plupart des traitements. J'en donne la description complète un peu plus loin.

D'autrefois la stérilité existe tandis que l'utérus est parfaitement à sa place. Alors si l'on interroge la consultante, on apprend qu'elle souffre constamment et beaucoup dans les rapports sexuels. Or, cette appréhension de la douleur amène un état de spasme, de contraction, de resserrement se propageant jusqu'au col de la matrice qui est complètement fermé dans un moment où il devrait s'entrouvrir, ce qui rend la fécondation impossible.

Il suffit d'une conversation de cinq minutes avec la malade pour lui donner quelques conseils qui font constamment cesser ces déplorables douleurs en quelques jours, et quand ce résultat est obtenu, la stérilité n'existe plus.

Je ne puis indiquer ici les questions que je dois adresser, et tout ce qui peut m'éclairer sur la cause de la stérilité, mais il est arrivé bien des fois qu'en causant sur ce sujet avec des femmes désirant vainement devenir mères, un renseignement qu'elles me donnaient par hasard, sans y attacher d'importance, me révélait la cause de la stérilité, je vais en donner un exemple curieux :

Une jeune femme amie de ma famille, fort bien constituée, chez laquelle les circonstances dont j'ai parlé n'existaient point, n'avait pas eu d'enfant après sept ans de mariage, quoique son mari fût jeune et dispos. Par hasard j'appris d'elle qu'elle aimait beaucoup les bains et qu'en toute saison elle en prenait deux par semaine. Je ne laissai point passer cette révélation ; je lui conseillai de prendre un seul bain par mois, immédiatement après ses règles, et jamais plus. Deux mois après cette prescription bien suivie, une grossesse survint et fut menée à bonne fin. Trois ans se sont à peine écoulés et cette dame est enceinte pour la seconde foi .

CHUTE OU DESCENTE DE MATRICE

et divers déplacements de cet organe

Il est une affection grave, pouvant se manifester à tous les âges de la vie et dont se ressentent, à un degré plus ou moins prononcé, *les deux tiers* des femmes de la société; c'est la descente ou chute de matrice, qui comprend les divers déplacements de cet organe. D'où vient ce mal rebelle aux secours de l'Art, si souvent méconnu à son début, et conduisant, plus tard, aux symptômes les plus effrayants? Sans doute, les médecins qui ont écrit sur cet important sujet, ont indiqué plusieurs circonstances pouvant contribuer à son développement et surtout à son aggravation; mais *personne encore avant moi*, n'avait signalé, avec l'autorité de l'expérience acquise, la véritable cause première de cette maladie.

Les praticiens les plus âgés de notre époque affirment que la descente de matrice est infiniment plus commune maintenant qu'elle ne l'était dans leur jeune temps. A quoi tient ce triste changement, et la progression continuelle du mal que constatent tous les médecins? Voici les causes, généralement admises, de la maladie qui nous occupe : l'influence de certaines modes, la déplorable habitude de se serrer avec les corsets, et les efforts déraisonnables que l'on tente pour se procurer une taille plus fine et plus longue, les quintes de toux prolongées, pendant lesquelles le diaphragme et les intestins poussent en bas l'utérus, une faiblesse générale résultant d'une croissance trop rapide, les grands mouvements d'extension, surtout en élevant les bras chargés d'un fardeau quelconque, comme pour placer quelque chose sur des rayons trop élevés, les chutes sur le siége, tout effort peu mesuré ou involontaire, l'action de frotter à la brosse, surtout l'imprudence de se lever trop tôt après une couche, enfin, la mauvaise habitude de rester trop longtemps accroupie, ou de se mettre souvent dans cette position, etc., etc., etc. Il est hors de doute que ces diverses circonstances peuvent être regardées comme des causes occasionnelles ou déterminantes, mais, dans la plupart des cas, il y avait chez ces sujets une prédisposition à cette maladie, qui n'est devenue vraiment gênante qu'à une certaine époque, mais qui avait déjà commencé depuis bien longtemps : c'est ce que l'expérience vient confirmer chaque jour ; il fallait donc chercher ailleurs la cause primitive et réelle, et je suis parvenu à la trouver : sur vingt personnes qui me consultent pour un déplacement de l'utérus ou matrice, quinze ou seize sont nées de parents psoriques ou ayant eu la gale, ou bien ont été nourries par des femmes psoriques, ou bien ont elles-mêmes contracté cette maladie contagieuses dans leurs premières années. Celles qui ne se rappellent pas avoir eu la gale elles-mêmes, ou la tenir héréditairement, déclarent au moins que, pendant plusieurs années, elles ont été couvertes de *gourme ou de dartres*, qu'elles ont eu pendant toute leur enfance, *mal aux yeux, au nez ou aux oreilles*, qu'elles ont été longtemps tourmentées *d'engorgements des glandes qui se sont ouvertes ou non*. Presque toutes, avant leurs règles, étaient fatiguées de *flueurs blanches*, et déjà, à cette époque, avaient de la peine *à se tenir debout*. Vainement certains médecins qui admettent volontiers des effets sans cause, combattront ce résultat de mon expérience, les faits sont trop nombreux pour qu'on puisse les nier.

Les parents qui, dans le courant de leur vie, ont contracté la *gale*, sauront donc qu'ils en ont encore le principe, parce que la médecine ordinaire la répercute et ne la guérit point ; dans ce cas, comme dans celui ou leurs enfants seraient attachés de ce virus communiqué par le lait de la nourrice ou acquis directement, ils ne manqueront pas de surveiller attentivement la santé de leurs filles, pour découvrir si elles sont atteintes de déplacement de matrice. Voici les principaux symptômes de cette affection, qui est très-commune chez les vierges de douze à vingt ans, et qui souvent restait méconnue avant que j'eusse écrit sur ce sujet, parce qu'on pensait généralement que les femmes qui avaient eu des enfants pouvaient seules être atteintes de la maladie qui nous occupe. Quand le déplacement est déjà un peu prononcé, *il gêne la marche, détermine des douleurs de reins et de bas ventre, des besoins fréquents d'uriner, des pesanteurs, des tiraillements, souvent des flueurs blanches, et surtout l'impossibilité de se tenir debout dans l'immobilité,* C'est à ce dernier symptôme principalement qu'il est facile de reconnaître la descente de matrice. L'homœopathie combat efficacement ce commencement d'une affection qui, plus tard, devient fort grave, surtout si la malade a eu le malheur de consentir aux cautérisations. J'ai dit que les deux tiers des femmes souffraient plus ou moins du déplacement de matrice : ce nombre cessera de paraître exagéré quand on saura que toute personne marchant passablement pendant le reste du mois, mais ne pouvant se mouvoir ou rester debout à l'époque des règles, en est au début de cette affection. Dans ce cas, voici ce qui a lieu : l'utérus n'est point habituellement assez bas pour gêner, mais, comme il descend toujours un peu pendant la menstruation, cet abaissement momentané suffit pour produire l'empêchement que je viens de signaler, et révèle la maladie.

La fréquence et la gravité des déplacements de l'utérus, avaient, dès mes débuts dans la carrière, fixé mon attention d'une manière particulière. J'avais lu avidemment tout ce qui avait été écrit sur cette matière, et, faute de mieux, pendant que je traitais par l'allopathie, je me bornais à conseiller les pessaires et les ceintures hypogastriques qui, sans doute, ne guérissent point, mais qui aident les malades dans la station et dans la marche. J'eus soin de m'abstenir des autres moyens préconisés par quelques praticiens, parce que je les regardais comme pernicieux, et de plus, parce que l'application du *speculum*, chez les vierges, me semblait une opération pleine d'inconvénients positifs, et bonne à rejeter. Sans doute, il y a des cas où l'emploi du *speculum* est utile et même indispensable, mais on en fait aujourd'hui un tel abus, qu'il vaudrait encore mieux pour les femmes que cet instrument n'eût jamais été inventé.

Plus tard, ayant étudié à fond l'*homœopathie*, je trouvai, dans les mille ressources qu'elle présente, des remèdes efficaces pour combattre *les chutes de matrice et de vagin*. Je dirai, en passant, que la chute de l'anus et du rectum cèdent aussi à nos moyens. Je cessai donc de regarder ces affections comme incurables, et j'eus le bonheur, dès mes débuts, de rendre à une santé parfaite plusieurs personnes douées, il est vrai, d'une grande persévérance. En effet, les cures exigeaient beaucoup de temps. Souvent les malades se lassaient et abandonnaient un traitement qui, quoique long, avait cependant un avantage immense sur tout ce qu'on avait essayé avant l'homœopathie, puisqu'il était réellement curatif et ne pouvait nuire en aucun cas.

Persuadé qu'à force de travail, je parviendrais à guérir plus promptement, je dirigeai toutes mes études et mes méditations sur cet écueil de la science. Enfin, depuis plus de quinze ans, ayant pu faire des essais très variés sur les nombreuses clientes qui se sont confiées à mes soins, j'obtiens des guérisons complètes, dans un délai vraiment surprenant, à l'aide d'un ensemble de moyens puissants qui viennent seconder et accélérer de beaucoup le traitement homœopathique ordinaire. Plusieurs jeunes filles qui ne pouvaient plus marcher, depuis peu de temps, il est vrai, ont été guéries en six semaines à deux mois. Le terme moyen est de trois à quatre mois.

D'après les renseignements que je viens de donner sur la véritable cause de la chute de matrice, et sur son déplacement, il est évident que les ulcérations du col de l'utérus, résultant d'un frottement anormal par suite du déplacement de cet organe, ne doivent jamais être cautérisées ; elles guérissent seules, quand la descente n'existe plus, et n'exigent nullement les agents cruels de la chirurgie.

Les moyens mécaniques, tels que : *ceintures, pessaires, éponges, sachets*, facilitent la marche et rendent service aux personnes qui ne pourraient se mouvoir sans leur secours, mais, excepté dans les cas d'abaissement très léger et récent, ils sont insuffisants pour amener la guérison, même quand on en prolonge l'usage très longtemps. C'est ce qui fait que, fréquemment, je suis consulté par des malades qui ont vainement dépensé beaucoup d'argent et fait preuve d'une immense patience, pendant six et huit mois, pour se faire introduire, deux fois par jour, des sachets qui n'ont aucune action curative sur les ligaments relâchés.

Un pessaire à air en caoutchouc, qu'on peut se procurer pour quelques francs et se mettre soi-même serait, à mon avis, aussi utile, sans nécessiter de pareils ennuis et déplacements.

CAUSE

de la négligence des femmes
à se faire soigner

Ce qui fait que beaucoup de femmes laissent leur mal s'aggraver, sans réclamer le secours des gens de l'art, c'est qu'elles savent, par ouï-dire ou par expérience, combien les divers traitements usités pour elles sont désagréables, inefficaces, douloureux, et quelquefois même dangereux. De plus, les préliminaires révoltants qui les attendent si elles consultent un médecin, font que souvent elles aiment encore mieux s'en rapporter à de simples sages-femmes, pour se soustraire à des visites ou explorations qui leur paraissent trop difficiles à supporter.

Depuis longtemps, quand il s'agit de chute ou de déplacement de matrice, j'ai supprimé de ma pratique l'emploi du *spéculum*, dont je me passe sans inconvénient, puisque je reconnais parfaitement l'état des organes au moyen du simple toucher. Je dirai même, pour rassurer les parents les plus timorés, que, par suite de l'habitude si complète de reconnaître cette affection, j'ai renoncé à exercer le toucher quand il s'agit d'une jeune fille. Presque toujours je conduis mon traitement à bonne fin, en m'éclairant seulement des renseignements que la malade et sa mère peuvent me fournir.

Les éponges, les sachets, les pessaires de toute espèce, étant les seuls moyens palliatifs (mais non curatifs) appliqués aux divers déplacements de l'utérus, je crois rendre un grand service aux familles en leur faisant savoir les résultats heureux que j'obtiens chaque jour, sans alarmer leur juste susceptibilité, puisque je suis parvenu à débarrasser les jeunes malades de toute visite pénible et de tout appareil que la prudence doit repousser.

SÉCRÉTION TROP ABONDANTE DE LA PEAU

odeur très forte de la sueur
et de quelques autres excrétions,
ozène ou ulcération du nez

Certaines personnes sont gravement incommodées par l'abondance de la transpiration de tout le corps, qui, au lieu d'être à peu près insensible pendant le repos, existe continuellement chez elles à l'état de sueur, sans qu'aucun exercice violent, ou une température trop élevée justifie ce désagrément.

Souvent une seule partie du corps est affectée. Chez quelques-unes les mains sont tellement humides, et même mouillées, qu'elles ne peuvent les poser sur un clavier de piano sans que les touches soient couvertes d'eau ; il leur est impossible de se livrer à aucun travail de femme, parce que l'aiguille ne glisse point et que la sueur tache leur ouvrage. Il en est de même des gants, dont la consommation est effrayante.

Chez beaucoup d'autres, les pieds sont le siége

de cette sécrétion exagérée qui, trop souvent, est accompagnée d'une odeur très désagréable.

J'ai eu occasion de traiter plusieurs jeunes filles, avec les apparences de la plus belle santé, dont la transpiration sous les bras incommodait tout un salon quand elles dansaient.

Les personnes atteintes de ces infirmités apprendront avec plaisir que je puis les en débarrasser sans nuire à leur santé.

Je parviens également à faire disparaître, par un traitement interne, la fétidité extrême des lochies, du sang menstruel, ou des flueurs blanches, qui se développe en certaines circonstances et résiste aux moyens ordinaires.

Je connais un traitement, sûr et assez prompt, pour guérir l'ozène et faire cesser complètement ses insupportables émanations.

Paris.— Imprimerie **A. Aubert**, passage du Caire, 56

www.ingramcontent.com/pod-product-compliance
Lightning Source LLC
Chambersburg PA
CBHW061716060726
47597CB00006B/2402